안녕, 나는 경주야

4판 1쇄발행 2025년 05월 20일 / **글쓴이** 이나영 / **펴낸곳** 상상력놀이터 / **펴낸이** 이도원 / **교정교열** 박정은, 김서우, 김미선 / **일러스트** 이나영, 박정은 / **디자인** 상상력놀이터 디자인팀 / **주소** 경기도 고양시 일산동구 정발산로39 대양빌딩 607호 / **대표전화** 070-8227-4024 / **홈페이지** www.sangsangup.co.kr / **전자우편** contact@sangsangup.co.kr / **등록번호** 제 2015-000056 호 **ISBN** 979-11-88408-10-8

*책값은 표지 뒷면에 있습니다.
*이 책은 상상력놀이터에서 저작권자와의 계약에 따라 발행한 것으로 허락 없이 복제할 수 없습니다.
*파본이나 잘못 인쇄된 책은 구매하신 서점에서 교환해드립니다.

먼저 알고 읽으면 좋아요.

신라
신라는 지금의 경상남도에 '사로국'이라는 작은 부족 국가로 시작해 676년 삼국통일을 이루었어요. 신라의 수도는 경주였는데, 천 년 동안 수도를 옮긴 적이 없어 경주 곳곳에 신라의 역사가 고스란히 남아있어요.

국보
나라의 보물이라는 뜻이에요. 보물급의 문화재 중에서 특히 국가가 법적으로 잘 지켜야 하는 아주 소중한 문화재를 말해요.

유네스코 세계문화유산
앞으로 후손들에게 물려줘야 할 가치가 있는 소중한 문화유산들을 발굴, 보호, 보존하고자 하는 국제적 약속이에요. 경주에는 불국사, 석굴암, 양동마을, 경주역사유적지구 등이 등록되어 있어요.

돌무지덧널무덤
신라시대의 대표적 무덤의 모습이에요. 돌무지덧널무덤은 직사각형 구덩이에 관을 넣고 판자로 다시 방을 만들어 그 위에 돌과 흙을 순서대로 쌓아 올려 만들었어요.

삼국통일
676년 신라가 백제, 고구려 등 한반도의 나라들을 멸망시키고 신라로 합쳐 삼국을 통일하였어요. 그 후 고구려인들이 고구려를 다시 살리려는 운동의 결과로 발해를 세우기도 했답니다.

어원
어떤 단어나 말이 생겨나게 된 뿌리를 말해요. <서울>은 수도라는 뜻을 가지는데 서울의 어원이 서라벌이랍니다.

풍수지리
산의 모양, 땅의 모양, 물길의 흐름 등 자연을 파악하여 사람이 사는 데에 복을 부르는지, 나쁜 일이 생길지, 나쁜 일을 막아줄지를 판단하는 것을 말해요. 자연 형상과 인간의 행복이 연결된 것이라 믿는 것이지요.

주상절리
뜨거운 용암이 흘러나와 차가운 땅과 공기에 접촉하면서 급격하게 식으며 수축해요. 이 과정을 거치면서 용암 표면에 오각형, 육각형 모양 틈이 생겨요. 이러한 틈이 발달해 기둥 모양을 이루는 것을 주상절리라 한답니다.

법주
조선시대 문무백관이나 사신을 대접할 때 쓰였던 특별한 술을 말해요. 빚는 날과 방법을 법에 따라 빚는다 해서 법주라 해요.

_____아(야)
이름을 써주세요

안녕, 나는 경주야.

아주 오래전에는 사로국이라고 불렸고
계림, 서라벌이라고 불리기도 했어.
사람들은 나를 지붕 없는 박물관이라고 불러.
내 이름은 경주야.

나는 아주 작은 도시처럼 보이지만
천년의 역사를 가지고 있는 신라의 수도였어.
그러니 나를 보러 오려면 '신라'라는 나라를 알고 오면 좋아.
나는 오랜 시간 동안 서라벌이라고 불리었어.
'서울'의 어원이기도 한 '서라벌'은 수도라는 뜻이래.
곳곳에 신라의 숨결이 느껴지는 다양한 문화재들이 아주 많아서
나를 지붕 없는 박물관이라고 불러.

경주버드파크

보문호

엑스포경주타워

석굴암

불국사

감은사지

양남 주상절리 파도소리길

괘릉

신라는 우물 속 알에서 시작해.
〈한국을 빛낸 100명의 위인〉 노래 속에 나오는
"알에서 나온 혁거세~"가 신라를 만든 사람이지.
박혁거세가 잠들어 있는 경주 오릉은
5개의 왕릉이 있다고 해서 오릉이라고 불러.
박혁거세 왕과 왕비를 비롯해서
5대 왕들이 잠들어 있는 곳이야.

박혁거세 탄생 신화

신라가 탄생하기 전, 나라를 다스릴 임금이 없어 여섯 마을의 촌장들이 모여 회의를 했어요. 촌장들은 임금으로 추대할 사람을 찾아 천지사방을 둘러보는데 '나정'이라는 우물 옆에서 빛이 났어요. 나정으로 다가가는 사람들을 보고 말이 길게 울더니 하늘로 올라갔고, 그 자리에 큰 알이 하나 놓여 있었어요. 촌장 한 명이 알을 건드리자 알이 쪼개지며 사내아이가 우렁차게 울었어요. 촌장들은 아이를 하늘이 보내준 임금이라 여기고 크게 기뻐하며 이름을 혁거세로 지었답니다.

오릉
이용시간 : 하절기(3-10월) 09:00-18:00 동절기(11-2월) 09:00-17:00 / 연중무휴
소요시간 : 약 1시간

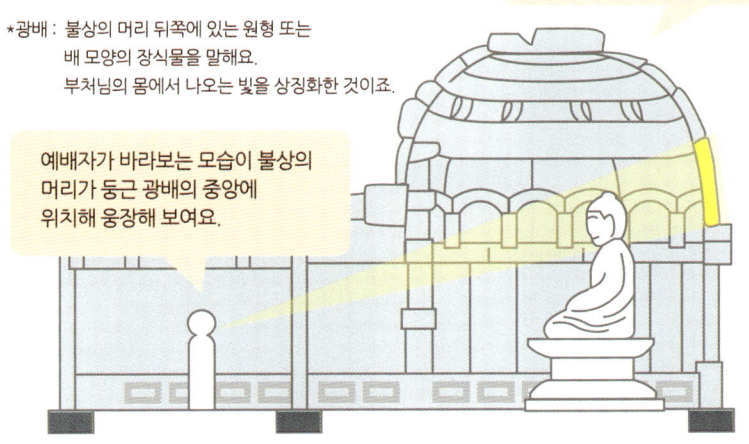

아치형 지붕은 흙이 누르는 힘을 받을수록 더욱더 단단해져요.

*광배 : 불상의 머리 뒤쪽에 있는 원형 또는 배 모양의 장식물을 말해요. 부처님의 몸에서 나오는 빛을 상징화한 것이죠.

예배자가 바라보는 모습이 불상의 머리가 둥근 광배의 중앙에 위치해 웅장해 보여요.

신라시대는 불교문화가 꽃을 피우던 때라
불교와 관련된 유물이 아주 많아.
너무나도 아름답고 유명한 곳이 많지만
그중 손에 꼽으라고 하면
불국사와 석굴암이지.
석굴암은 신라의 최고 작품이라 불려.
신라의 다양한 최신 기술이 모여있는 곳이거든.

석굴암
석굴암은 건축, 수리, 기하학, 종교와 예술 모든 측면에서 최고 걸작으로 평가되어, 1995년 12월 불국사와 함께 유네스코 세계문화유산이 되었어요.

석굴암
이용시간 : 2~3월 중순·10월 07:00-17:30 / 3월 중순 ~ 9월 6:30-18:00
동절기(11월~1월) 07:00-17:00 / 연중무휴

불국사의 돌계단이 다리라는 사실을 아니?
부처님의 나라로 가려면 푸른 구름다리와 흰 구름다리를 건너야 한대.
그것을 청운교와 백운교로 표현한 것이지.
불국사의 '불국'은 부처님의 나라라는 뜻이거든.
이렇게 불국사에는 불교의 뜻이
절 곳곳에 표현되어 있어.
다양한 곳에 불교의 뜻이
숨겨져 있다니 잘 찾아봐.

석가탑 무영탑으로도 불리는 석가탑은 간결하고 아름다운 비례와 균형이 특징이며 석가여래를 상징해요.

다보탑 동서남북으로 돌계단이 있고 계단을 지키는 돌사자가 있어요. 이 돌사자 4개 중 3개는 일본 침략기에 사라져 지금은 하나뿐이에요.

10원짜리 동전에 다보탑 문양이 새겨져 있어요.

청운교와 백운교

불국사
이용시간 : 3월~9월 07:00-18:00 10월 07:00-17:30 11월~1월 07:30-17:00 2월 07:30-17:30 / 연중무휴
소요시간 : 약 1시간 30분

불국사와 멀지 않은 곳에 괘릉이 있어.
우리나라 사람과 다른 모습을 한 괘릉 문무인상을 보면
신라는 다른 나라와의 교류가 활발했다는 것을 알 수 있지.
아주 오래전부터 나는 중국 서안에서 시작한
실크로드의 정착지였거든.

경주 곳곳에 다른 나라와 교류를 한 흔적이 숨어 있단다.
눈 크게 뜨고 찾아봐!

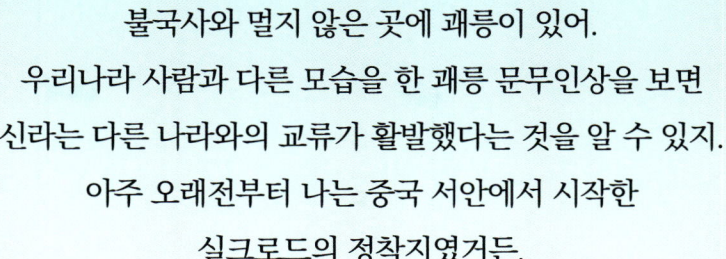

원성왕릉 돌사자
네 돌사자는 각각의 방향을 지켜요.
사자는 능을 수호하는 임무를 띠어
몸의 위치는 정면을 향하되,
그중 두 마리는
고개를 틀어 다른 방향을 보고 있어요.

원성왕릉 (괘릉)
이용시간 : 24시간 / 연중무휴
이용요금 : 무료

신라시대에도 별을 관찰하는 곳이 있었다는 거 알아?
첨성대는 동아시아에서 현존하는 천문대 중 가장 오래됐어.
옛 조상들은 첨성대를 통해 별을 관찰해서
언제 씨를 뿌리고 거둘지를 정했다고 해.

첨성대
첨성대 몸통은 27단으로 되어 있는데 선덕여왕의 27대를 의미해요.
꼭대기의 우물 정(井) 모양은 28단인데 기본 별자리 28수를 뜻하고
총 높이 29단~30단으로 이뤄져 있는 것은 한 달을 뜻해요.
창문을 기준으로 위아래를 각각 12단으로 나누는데
1년 열두 달 24절기를 뜻하고,
첨성대를 이루는 돌의 개수, 362개는 1년을 상징해요.

첨성대는 화려하지는 않지만 곡선의 미를 뽐내고 있지.
진정한 한국적인 아름다움을 보여주고 있다고 할 수 있어.
특히 첨성대의 야경은 정말 아름답단다.

주령구
주령구는 1975년 동궁과 월지에서 발굴되었어요.
14면체 주사위로 각기 다른 벌칙이 적혀 있으며,
포석정에서 잔치를 할 때 주령구를 던져 벌을 주며 즐거움을 더했답니다.
아쉽게도 출토된 진품은 유물 보존 처리 도중 불타버렸고, 복제품만 남아있어요.

동궁과 월지
이용시간 : 09:00-21:30 (소등시간 22:00) / 연중무휴

신라시대 때 귀한 손님이 오면 잔치를 베풀던 곳이 동궁과 월지야.
이름처럼 달빛이 비쳐 은은하게 빛나는 연못이 정말 예뻐.
월지는 연못 가장자리에 굴곡을 주어 어느 곳에서 보아도
못 전체가 한눈에 들어올 수 없게끔 만들었대.
좁은 연못을 넓은 바다처럼 느낄 수 있도록 만든 것이지.

동궁과 월지 근처에 분황사와 황룡사지가 있어.
분황사에는 신라시대 때 최초로 만든 석탑이 있는데
돌을 벽돌 모양으로 다듬어 쌓은 탑이야.
신라시대 탑을 연구하는 데 큰 도움이 되는 의미 있는 탑이지.
바로 옆에 신라 최대 규모의 황룡사지도 있으니 꼭 같이 들러 보길 바라.

선덕여왕
선덕여왕은 신라의 제27대 왕이며 한국사 최초 여성 국왕이에요. 즉위 3년째에 분황사가 완공되었다고 하는데, 여기서 '분황'이라는 이름은 '향기로운 임금' 즉, 선덕여왕 본인을 가리키는 것이에요.

분황사
이용시간 : 8:00-18:00 / 동절기 8:00~17:00 / 연중무휴

분황사 우물
경주에는 분황사 우물을 비롯하여 김유신 장군의 생가에 있는 재매정, 남간사지 내 우물 등 아직까지 남아 있는 신라의 우물이 많이 있어요. 그중에서 분황사 우물은 돌우물로 신라를 지키는 용이 살았다는 전설이 있어요.

경주타워
황룡사 9층 목탑을 음각으로 디자인한 건물이에요.
경주를 내려다보는 전망이 아주 멋져요.

석가탑   황룡사지 9층 목탑

황룡사지 9층 목탑
황룡사 9층 목탑의 높이는 약 80m로,
지금의 아파트 약 30층 높이에 해당해요.
10.4m의 석가탑에 7.7배이며,
키가 160cm인 사람의 무려 50배 높이랍니다.

황룡사에는 9층 목탑이 있었다고 해.
9층 목탑의 높이를 한번 상상해볼래?
그 옛날 엄청난 높이의 탑을 어떻게 만들었을까?
직접 볼 수 있었으면 좋았겠지만
지금은 불에 타서 터만 남아있어.
하지만 아쉬워하지 마.
황룡사지역사문화관에 복원 모형도 있고,
실물 크기로 복원한 중도타워도 있어.

돌무지덧널무덤 쌓는 과정

1. 덧널을 만든다

2. 덧널 주변에 돌을 쌓는다

3. 무덤 둘레돌을 쌓은 후 흙을 쌓는다

4. 시신을 모신 나무널과 껴묻거리를 덧널에 안치하는 장례를 치른다

5. 돌무지 윗부분에 돌을 채우고 꼭대기까지 흙을 덮는다

6. 무덤의 흙이 흘러내리지 않게 찰흙을 두껍게 바른다

새날개모양 금관장식

천마도

금관

경주에 들어서면 언덕 같은 다양한 무덤들이 너무 신기할 거야.
다양한 무덤이 있는데 아직 주인이 밝혀지지 않은 무덤들이 많아.
주인이 있는 무덤은 주인의 이름을 붙이지만
주인이 없는 무덤은 무덤에서 나온 유물의 이름을 붙여.
천마총도 마찬가지야.

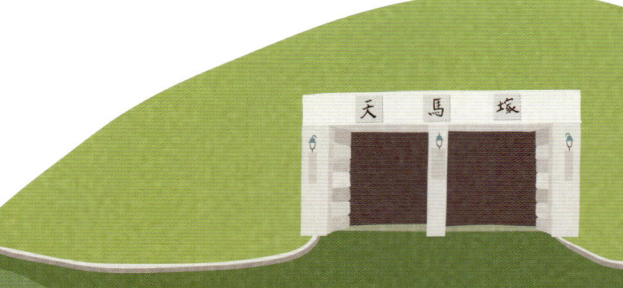

발에 구름을 달아 놓은 듯한 천마 그림이 무덤에서 발견되어 천마총이라 부르지.
천마총에서는 만여 가지가 넘는 유물이 발견되었어.
특히 다양한 금관이 발견되었는데 금관은 3개의 나뭇가지 모양과
2개의 사슴뿔 모양 장식을 하고 있어. 너희들도 보면 한눈에 반해 버릴 정도로 아름답지.

천마총
이용시간 : 08:00-21:00 / 연중무휴

신라의 화랑
신라에만 존재했던 화랑은 오늘날의 보이스카우트와 같은 단체예요. 화랑들은 다섯 가지의 규칙인 세속 5계를 꼭 지켰는데 무술뿐만 아니라, 마음을 수련하는 것도 매우 중요하게 생각했지요. 김유신 장군도 화랑이었답니다.

세속오계
1. 임금님께 충성해야 합니다(사군이충).
2. 부모님께 효도해야 합니다(사친이효).
3. 믿음으로 친구를 사귀어야 합니다(교우이신).
4. 살아있는 것을 함부로 죽여서는 안 됩니다(살생유택).
5. 한 번 싸우면 물러서지 않습니다(임전무퇴).

천마총에 가봤다면 멀지 않은 곳에 김유신 장군묘가 있으니 빼먹지 말고 가봐.
신라가 삼국통일을 하는 데 큰 역할을 한 김유신 장군은
장군의 업적을 기억하고자 훗날 '흥무대왕'으로 불리게 되었대.
김유신 장군묘 둘레를 12지신상이 지키고 있어서
왕으로 불리게 된 만큼 묘가 왕릉처럼 꾸며져 있는 걸 알 수 있어.

김유신 장군묘
이용시간 : 동절기 9:00-17:00 하절기 9:00-18:00 / 연중무휴

김유신 장군묘를 둘러보고 형산강을 따라 내려오면 무열왕릉을 만날 수 있어.
김유신 장군과 함께 신라의 삼국통일에 힘쓴 무열왕은
왕의 이름과 함께 김춘추라는 이름으로도 많이 알려져 있어.
처음에는 다른 왕릉에 비해 소박한 모습이라 왕릉이라고 쉽게 알 수 없었대.
태종무열왕릉비를 통해 무덤의 주인을 확실하게 알 수 있게 되었지.

태종무열왕릉비는 아래는 거북이,
위는 용의 모습이 새겨져있는 데
비석 조각 중에 최고의 작품이야.
당시 조각기술의 발전을 엿볼 수 있지.

무열왕릉과 태종무열왕릉비
이용시간 : 3월~10월 09:00-18:00 11월~2월 09:00-17:00 / 연중무휴

고구려
신라
백제
가야
발해
통일신라

4C 백제의 전성기　　5C 고구려의 전성기　　6C 신라의 전성기　　통일신라와 발해 (남북국 시대)

동해에서 경주로 들어가는 길목에 자리하고 있는 감은사지도 빼먹을 수 없어.
감은사지에는 두 개의 커다란 삼층석탑만이 자리를 지키고 있단다.
이곳은 신라를 통일하고 죽어서도 동해의 용이 되어 신라를 지키겠다던
문무왕의 이야기가 전해지는 곳이야.

문무왕과 문무대왕릉(수중릉)
당나라를 몰아내고 삼국통일을 완성한 문무왕은 죽어서도 동해의 용이 되어 신라를 지키겠다는 유언에 따라 동해 앞바다에 묻혔다고 전해져요.

감은사
감은사는 두 개의 탑과 절터만 남아 있어요. 언제 없어진 것인지 기록되어 있지 않답니다.

이 절터에 중심이 되는 건물 아래 큰 공간이 비어 있는데,
동해의 물이 드나드는 길이래. 동해의 용이 된 문무왕이 오가던 길이라고도 해.
멀지 않은 곳에 바다에 묻힌 문무대왕릉과
이견대가 있으니 들러서 문무대왕릉의 뜻을 새겨보길 바래.

그리고 경주 남산을 한 번쯤 꼭 오르길 추천해.
"남산을 보지 않고 신라를 안다고 할 수 없다."는 말이 있어.
그만큼 남산은 매우 중요한 문화재들이 곳곳에 펼쳐져 있지.
남산 바위마다 부처님이 새겨져 있고,
저마다 깊은 뜻이 숨겨져 있어.

용장사곡 삼층석탑
보통 석탑은 2개의 기단(땅보다 높게 쌓는 부분)을 갖고 있어요.
그러나 용장사곡 삼층석탑의 기단은 하나뿐인데 이유는 남산 전체가 첫 번째 기단 역할을 하기 때문이에요.

남산 자락 끝에 있는 포석정은 잔치를 하던 곳이었어.
물길을 따라 술잔을 띄우고 술잔이 멈춘 곳의
사람이 시를 짓는 낭만적인 곳이지.
하지만 이곳은 왕이 잔치를 하는 동안
후백제의 견훤의 공격을 받아
신라의 시대도 끝이 나게 된 곳이기도 해.

포석정
전복 모양을 닮았다는 뜻의 포석정은 물길의 깊이와 폭을 달리하여 물의 양과 흐르는 빠르기를 조절해 물에 띄운 잔이 특정 지점에서 맴돌이 현상으로 멈춰 서게 하였어요.

높낮이차 5.9cm

포석정
포석정은 왕의 별장과 같은 곳이었어요.
최근에는 제사를 지내는 곳이었을 거라는 추측도 있어요.
그래서 경애왕이 위태로운 나라를 위해
제사를 지냈을 것이라는 주장도 있답니다.

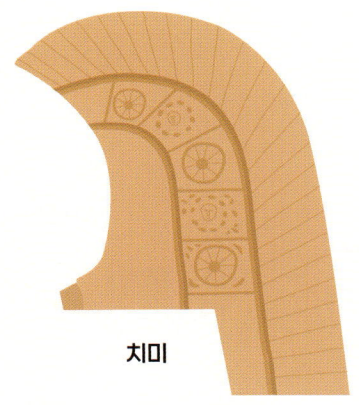
치미

경주 곳곳에서 온화한 미소 띤 동그란 그림을 봤을 거야.
그건 바로 신라 미소 기와라 불리는 기와야.
얼굴 무늬를 한 수막새지.
수막새는 기와지붕 끝에 사용되는 기와를 말해.
미소 기와 외에도 다양한 모양의 기와가 발견되었어.
너는 어떤 기와가 마음에 드니?

얼굴무늬 수막새
신라의 미소로 유명한 경주 얼굴무늬 수막새가 기와 유물로는 처음으로 보물로 지정되었어요.

용 얼굴 무늬 기와

짐승 얼굴 무늬 기와

치미
치미는 지붕 양쪽 끝에 올려진 장식이에요.
옛날 사람들은 치미가 불을 막아주고,
나쁜 기운도 쫓아준다고 믿었어요.
궁궐이나 절처럼 중요한 건물 지붕에 올렸어요.

암키와
숫기와와 짝을 이루는 납작한 기와예요.

숫키와
둥글고 반원처럼 생긴 기와예요.

막새
전통 건물의 지붕을 덮는 기와 중
맨 끝에 붙이는 둥근 기와 장식이에요.

나는 전통 마을이 많이 있는데
특히 양동마을과 교촌마을이 가장 유명해.
양동마을은 우리나라 최대 규모의 전통마을로
유네스코 세계문화유산에 등재되었어.
조선시대 전통문화와 자연을 고스란히 간직하고 있지.
여기서 다양한 전통체험도 할 수 있고,
하룻밤 잘 수도 있으니 미리 알아보고 가보길 바래.

유네스코 세계문화유산
유네스코에서는 사람들이 오래도록 잊지 않고
잘 보존해야 할 문화재나 건축물, 유적지를 뽑아서
세계문화유산으로 지정해요.

양동마을
이용시간 : 하절기 09:00 ~ 19:00 / 동절기 09:00 ~ 18:00

양동마을 해설
해설소요시간 : 1시간 ~ 1시간 30분 소요
해설시간 : 10:00/10:30/11:00/11:30/13:30/14:00/
14:30/15:00/15:30/16:00(10월~3월)/16:30(4월~9월)
이용요금 : 무료

전통가옥
양동마을에는 다양한 스타일의 전통가옥이 그대로 보존되어 있어요.

최부잣집의 자신을 지키는 6가지 교훈
1. 스스로 초연하게 지내고
2. 남에게 온화하게 대하며
3. 일이 없을 때 마음을 맑게 가지고
4. 일을 당해서는 용감하게 대처하며
5. 성공했을 때는 담담하게 행동하고
6. 실의에 빠졌을 때는 태연히 행동하라.

최부잣집의 집안을 다스리는 6가지 교훈
1. 과거를 보되 진사 이상의 벼슬을 하지 마라.
2. 만석 이상의 재산은 사회에 환원하라.
3. 흉년기에는 땅을 늘이지 말라.
4. 과객을 후하게 접대하라.
5. 주변 100리 안에 굶어죽는 사람이 없게 하라.
6. 시집온 며느리들은 3년간 무명옷을 입어라.

교촌마을은 옛 학교라 할 수 있는 경주 향교가 있는 마을이야. 신라 시대 때 원효대사와 요석공주가 월정교를 건너
사랑을 나눈 요석궁이 있던 곳이기도 해.
새롭게 복원된 월정교는 낮에도 좋지만
빼어난 야경으로 손꼽히는 곳이야.

또 경주에서 가장 존경받는 최부잣집이 있는 곳이기도 하지.
최부잣집이 존경받는 이유는 양반으로써 혜택을 받는 만큼
도덕적인 의무도 다해야 한다고 가르쳤기 때문이야.
최부잣집 안에 여섯 가지 교훈을 찾아보고 꼭 읽어봐.

월정교
이용시간 : 09:00-22:00 (야외 관람은 24시간 가능)
이용요금 : 무료

경주평야에서 나는 쌀로 지은 밥은 정말 꿀맛이야.
하지만 뭐니 뭐니 해도 경주하면 황남빵이지.
1939년부터 황남동에서 만들기 시작한 황남빵은 맛보면 너도 반하게 될 거야.
또 최부잣집에서 대대로 빚어온 법주인 교동 법주도 우리나라 최고의 전통주로 유명해.

황남빵과 찰보리빵
황남빵은 겉은 얇은 밀가루 반죽이고, 속에는 팥소가 가득 들어 있는 달콤한 전통 과자예요. 찰보리빵은 쫀득한 보리빵 사이에 달콤한 팥소를 넣은 건강한 전통 간식이에요.

십원빵
불국사의 다보탑이 그려져 있는 십 원짜리 동전모양 간식으로 치즈가 듬뿍 들어가 있어요.

떡갈비 정식
경주 지역은 한우 산지로도 유명해요. 한우를 다져 만든 떡갈비로 한 상 차린 떡갈비 정식이 일품이에요.

신라미소빵 / 첨성대 초콜릿
경주의 유적지나 유물모양으로 만든 다양한 디저트들이 있어요. 신라미소빵, 부처님빵, 첨성대 초콜릿 등이 있어요.

교리김밥
경주 교리김밥은 일반 김밥과 다르게, 김밥 속에 달걀지단이 아주 두껍게 들어 있는 특별한 김밥이에요.

경주쌀
경주시 일대의 비옥한 평야에서 자란 쌀로, 맑은 물과 좋은 토양, 풍부한 일조량 덕분에 밥맛이 뛰어나기로 유명해요.

경주밀면
원래 밀면은 부산 지역이 유명하지만, 경주에도 지역 특색에 맞춘 레시피로 유명해요.

황남쫀드기
쫀드기는 옛날 불량식품 스타일의 쫀득한 간식이에요. 황남쫀드기는 먹기 좋게 잘라 튀긴 후 다양한 양념에 무친 것이에요.

교동법주
법주는 옛날 왕이나 귀한 손님에게 드리던 귀한 술이라는 뜻이에요. 교동법주는 맑고 부드럽고, 향이 좋아서 제사 때 사용하던 술이에요.

경주에서 생산되는 찰보리와 통귀리로 만든 찰보리빵도 정말 꿀맛이지.
그 밖에도 신라의 미소, 첨성대 같은 문화재를 본뜬 재미있는 간식거리들도 많아.
황리단길에 가면 재미난 간식들이 많으니 꼭 한번 먹어봐!

나는 다양한 호수도 가지고 있는데 보문호라는 엄청 큰 인공호수가 제일 유명해.
보문호는 봄이면 벚꽃과 개나리로 둘러싸이지.
주변에 다양한 호텔과 리조트도 많고 놀이동산도 있어.
또 자전거길도 잘 되어 있어서 자전거나 유모차가 다니기도 편해.
경주 보문 관광단지 안에 보문정이라는 작은 연못도 있어.
봄이면 벚꽃이, 여름에는 연꽃이, 가을에는 단풍이 연못을 아름답게 장식하지.

- 오류해수욕장
- 감포항
- 감포해변
- 전촌해수욕장
- 나정고운모래해변
- 나정해수욕장
- 봉길해수욕장
- 감은사지
- 문무대왕릉
- 나아해변
- 읍천항
- 양남 주상절리
- 진리해변
- 관성해수욕장

감포항 해국길
예쁜 벽화가 그려져 있는 해국길을 따라가다 보면 곳곳에 일본식 건물들을 만나볼 수 있어요.

하서항 하트자물쇠

나는 멋진 항구와 다양한 해변도 가지고 있어.
가장 규모가 큰 감포항은 지금도 일본식 건물이 있을 정도로
오래전 중요한 역할을 한 항구였어.
감포항에 있는 송대말 등대는 감은사지 석탑을 본떠
만들었다고 하니 비교해 보는 것도 재미있을 거야.
많은 해변 중에서도 나정고운 모래해변을 추천해.
고운 모래에 수심이 얕으며, 온천 해수탕도 있거든.

송대말 등대

양남 주상절리 파도소리길

읍천항 - 하서항

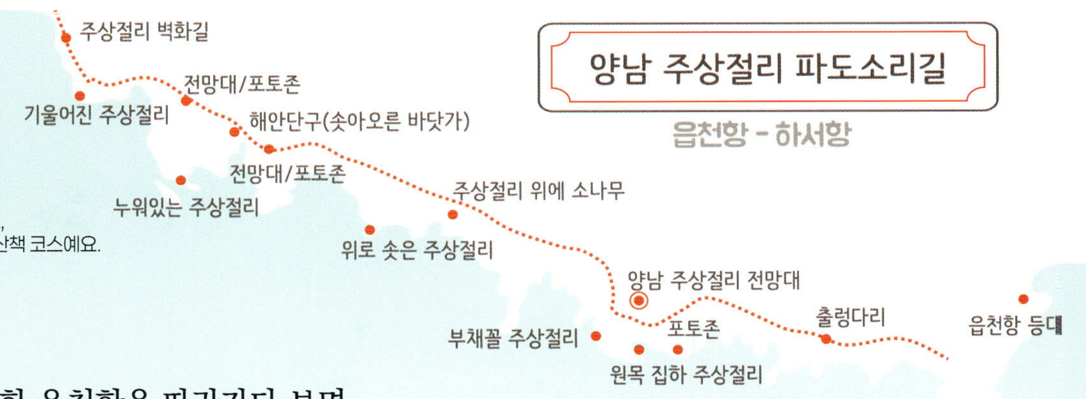

- 주상절리 벽화길
- 기울어진 주상절리
- 전망대/포토존
- 해안단구(솟아오른 바닷가)
- 전망대/포토존
- 누워있는 주상절리
- 주상절리 위에 소나무
- 위로 솟은 주상절리
- 양남 주상절리 전망대
- 부채꼴 주상절리
- 포토존
- 원목 집하 주상절리
- 출렁다리
- 읍천항 등대

주상절리 파도소리길
읍천항 벽화마을을 시작으로, 양남 주상절리를 따라 걷는 산책 코스예요.

벽화마을로 유명한 읍천항을 따라가다 보면
엄청난 규모의 주상절리를 만날 수 있어. 바로 양남 주상절리야.
수직으로 서 있는 대부분의 주상절리와 달리
부채 모양의 주상절리를 비롯해서 누워있는 주상절리가 펼쳐져 있지.
양남 주상절리를 통해
동해가 어떻게 만들어졌는지도 알 수 있다니 굉장하지?

읍천항

경주 양남 주상절리 전망대
이용시간 : 09:30~18:00 (입장마감: 마감 10분 전까지)
이용요금 : 무료

주상절리
주상절리는 뜨거운 용암이 바다로 흘러가면서 식을 때, 돌이 육각형이나 사각형 기둥 모양으로 굳은 것을 말해요.

지도 레이블

- 대릉원 매표소
- 비단벌레 전기차 매표소
- 첨성대
- 동궁과 월지
- 신라왕궁 영상관
- 비단벌레 전기차 노선
- 경주 석빙고
- 인왕동 고분군
- 계림
- 반월성
- 경주향교
- 최부잣집
- 월성
- 월정교
- 국립경주박물관

나는 다양한 방법으로 여행을 할 수 있어.
특히 자전거로 여행하기 무척 좋은 곳이야.
렌터카를 이용해서 둘러볼 수도 있어.
시티투어도 잘 되어 있으니 시티투어 노선도 확인해봐.
중요 유적지를 순회하는 비단벌레 전기차도 운행하고 있으니 꼭 한번 타보길 바라!

아, 근데 왜 하필 비단벌레냐고?
신라시대 유물에 비단벌레 장식이 많이 사용되었대.
대릉원의 황남대총에서 발견된
비단벌레 장식 말안장가리개가 대표적이야.

비단벌레차 승강장

비단벌레 전기차
약 2.9km의 거리를 하루 11회 운행 / 최대 승차 인원 15명, 약 45분 간격 운행
코스 : 출발 - 계림 - 향교 - 최부잣집 - 교촌마을 - 월정교 - 월성 - 꽃단지 - 월성홍보관(유턴) - 첨성대 - 출발지도착

황룡사 역사문화관
이용시간 : 09:00~18:00 (월요일, 1월1일, 설날, 추석 휴관)

나는 천년의 역사를 간직하고 있어서
우리 문화를 느낄 수 있는 고택체험이나,
농촌체험, 전통음식 체험 등 다양한 체험들을 할 수 있지.
황룡사 역사문화관은 황룡사의 과거와 현재,
미래의 모습을 체험해 볼 수 있어.
역사문화관 전망대에 올라 황룡사지를
내려다볼 수도 있지.
또 경주엑스포대공원에 가면
다양한 공연과 전시, 체험들을 해볼 수도 있단다.

경주 바이크 여행
경주에서는 바이크를 타고 둘러볼 수 있는 코스가 다양해요.
많은 사람들이 바이크를 타고 좁은 곳을 다니기 때문에 안전에 유의해야 해요.

경주엑스포대공원은 새마을기차를 타고 둘러볼 수 있어요.

경주엑스포대공원
다양한 힐링테마파크로 거듭난 경주엑스포대공원은
1988년 세계최초로 문화예술을 주제로 한 국제 박람회 장소였어요.

오래전부터 동궁과 월지에 기이한 새와 동물들을 키웠다는 기록이 있어요.
우리나라 최초의 동·식물원이었다고 할 수 있어요.

동궁원
이용시간 : 09:30~19:00 / 연중무휴
*버드파크와 통합권도 있어요.

버드파크
이용시간 : 09:30~19:00 / 연중무휴
*동궁원과 통합권도 있어요.

나를 둘러 볼 때 황리단길도 빼놓을 수 없어.
황리단길은 원래 대릉원 돌담길 옆의 마을이었는데
한옥을 새단장한 카페, 공방, 식당 등이 만들어지며
서울 '경리단길'을 따라 황남동 마을이 '황리단길'이 되었어.
먹거리, 볼거리, 즐길거리 등으로 다양하지.

또 동궁과 월지를 현대적으로 재해석한 버드파크와 동궁원도 있어.
다양한 새들과 동, 식물들을 만날 수 있단다.

동물 이야기가 나와서 말인데 나는 토종 개인 '동경이'도 있어.
순하지만 때론 멧돼지와 맞설 정도로
용맹한 성격을 가진 강아지지.

천년 전 토우로 만들어진 동경이를 보고
동경이가 오래전부터 경주에 살아온 것을 알 수 있어.
참, 여기서 토우는 흙으로 만든 인형을 말하는데,
신라 사람들은 흙으로 사람 인형뿐만 아니라
동물 모양 인형, 그릇 등을 만들었어.

황성공원 생태숲 해설
운영시간 : 매주 화, 수, 목 (오전 : 10시~12시 / 오후 : 14시~16시)
3월~11월 운영

경주에는 다양한 숲도 많아. 오래전 신라시대부터 풍수지리에 의해 일부러 만든 숲들이 있지.
그중 황성 숲은 천년 전에는 신라왕들의 사냥터였고 지금은 경주시민들의 휴식처인 곳이야.
황성 숲은 오래전 고양수, 논호림, 논호수, 고성수 등으로 불리기도 했는데
이름 안에 호랑이를 뜻하는 한문이 많아.
이 숲에 호랑이 낭자의 설화가 전해지기 때문이야.
설화와 함께 숲 해설사 선생님의 재미있는 숲 이야기를 들어봐.

성덕대왕신종 　　기마인물형토기 　　금동판삼존불좌상 　　금관 　　새날개모양 금관장식

허리띠 　　금제 관모 　　장식 보검

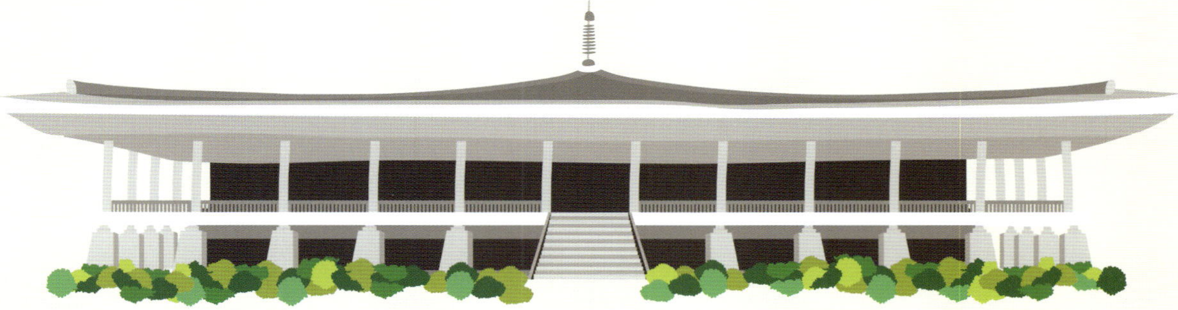

국립경주박물관
GYEONGJU NATIONAL MUSEUM

국립경주박물관과 경주 어린이 박물관 학교
이용시간 : 10:00~18:00 (토요일, 공휴일 1시간 연장,
매달 마지막 수요일, 3~12월 중 매주 토요일 3시간 야간연장개관)
휴관일 : 매년 1월 1일, 설날 및 추석 당일
이용요금 : 무료

경주에 있는 국립경주박물관은 우리나라에서 손꼽히는 박물관이야.
경주의 중요한 유물들을 국립경주박물관에서 만날 수 있어!
국립경주박물관 앞에 있는 성덕대왕신종의 '에밀레~' 소리를 꼭 들어보고
재미있는 경주 어린이 박물관 학교도 꼭 들러봐!

신라대종
국립경주박물관의 성덕대왕신종 종소리는 녹음된 소리예요.
종의 보호를 위해 타종하지 않아서 성덕대왕신종 종소리를 직접 들을 수 없어요.
하지만 성덕대왕신종을 1245년 만에 재현한 '신라대종'의 종소리를
특별한 날에 직접 들을 수 있답니다. 대릉원 근처에 있어요.

나는 스탬프 투어가 정말 유익하고 재미있어서 많이들 와.
스탬프 투어를 하며 해설사 선생님의 이야기를 들으면 경주 곳곳, 모르는 곳이 없게 되지.
스탬프 투어지 16곳을 모두 다녀온 뒤 도장을 받아
경주시청에 신청하면 선물 받을 수 있어.

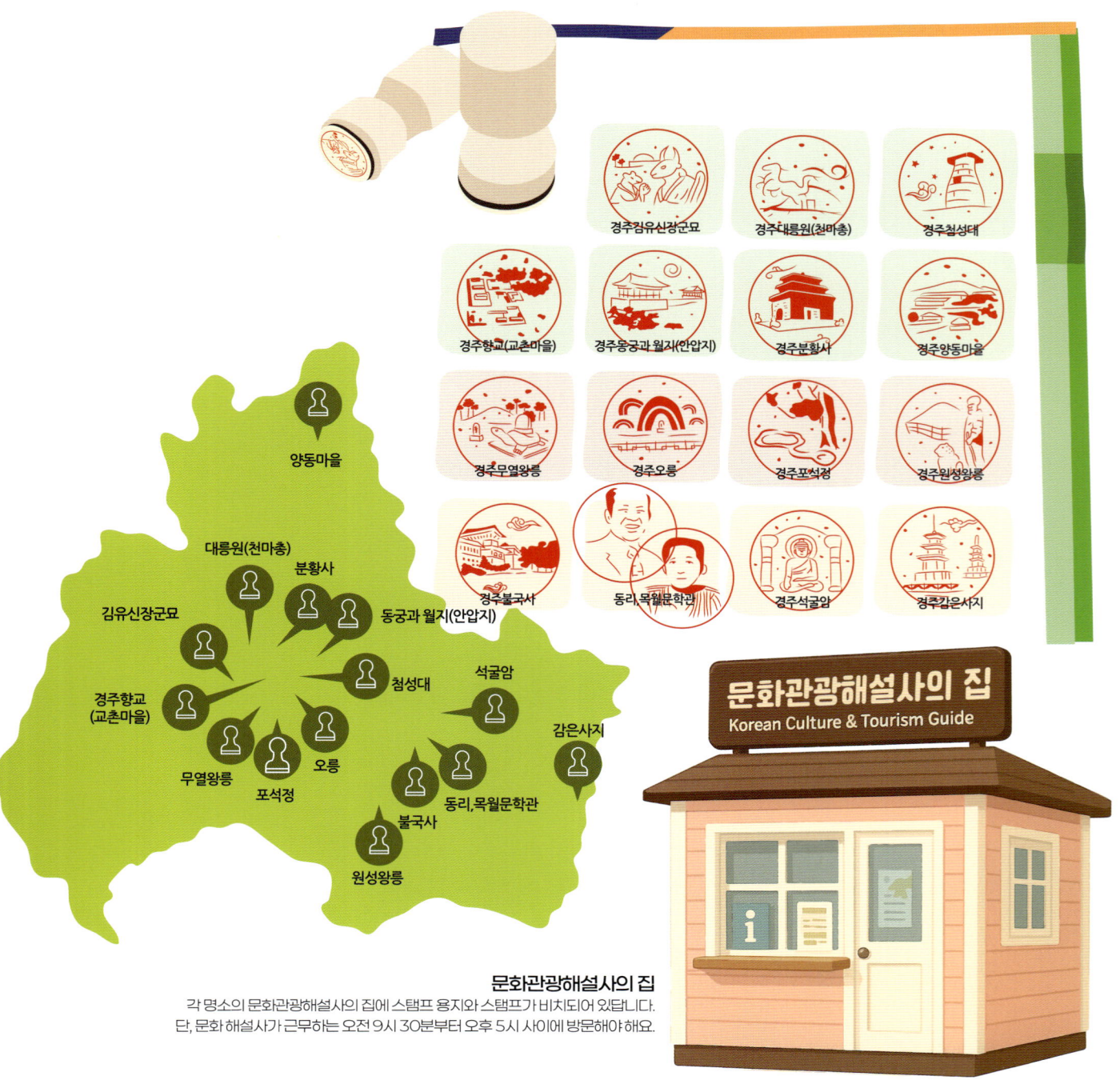

문화관광해설사의 집
각 명소의 문화관광해설사의 집에 스탬프 용지와 스탬프가 비치되어 있답니다.
단, 문화 해설사가 근무하는 오전 9시 30분부터 오후 5시 사이에 방문해야 해요.

나는 정말 배울 것도 많고, 볼 것도 많은 곳이야.
그래서 둘러보고 또 둘러봐도 재미있지.
나는 이야기가 참 많은 곳이니 곳곳에 숨은 이야기들을 찾아봐!
안녕, 나는 경주야!

불국사의 석가탑

불국사의 다보탑

불국사의 청운교와 백운교

양동마을

천마도

최부잣집

경주 동경이

태종무열왕릉비

김유신 장군묘

분황사 모전석탑

분황사 우물(호국삼룡변어정)

신라 토우

성덕대왕신종

양남 주상절리

문무대왕릉

포석정

금관과 허리장식

얼굴무늬 수막새

문화관광해설사의 집

ⓒ경주시

보문호 전경

괘릉 문무인상

첨성대 야경

동궁과 월지

나만의 경주를 만들어 보아요.

경주에서 어떤 추억을 만들었나요?
나만의 여행코스를 만들거나, 기록해 보세요.

아이랑 가볼 만한 곳

스탬프 투어 여행지

대릉원
경주시 황남동

첨성대
경주시 인왕동 839-1

분황사
경주시 구황동 313

경주 동궁과 월지
경주시 인왕동 26-1

교촌마을
경주시 교촌길 39-2

오릉
경주시 탑동 67

포석정
경주시 배동 454-3

경주 무열왕릉
경주시 서악동 842

경주 김유신묘
경주시 충효2길 44-7

양동마을
경주시 강동면 양동마을길 138-18

옥산서원
경주시 안강읍 옥산서원길 216-27

경주 원성왕릉(괘릉)
경주시 외동읍 괘릉리

불국사
경주시 진현동 15

동리목월문학관
경주시 불국로 406-3

석굴암
경주시 불국로 873-243

감은사지
경주시 양북면 용당리 55-1

박물관 및 실내 관광

국립경주박물관
경주시 일정로 186

국립경주어린이박물관
국립경주박물관 내

동궁원
경주시 보문로 74-14

버드파크
경주시 보문로 74-14

경주 오르골 소리박물관
경주시 서라벌대로 420

경주양남주상절리전망대
경주시 양남면 읍천리

청정누리공원 코라디움
경주시 양북면 동해안로 1249

테디베어박물관
경주시 보문로 280-34

안녕경주야
경주시 보문로 484-7 힐튼 경주內

경주시전통명주전시관
경주시 양북면 명주길 154

한국대중음악박물관
경주시 엑스포로 9 거구장

황룡사역사문화관
경주시 임해로 64-19

기타 유적지

금장대
경주시 석장동

석빙고
경주시 인왕동

경주 명활성
경주시 보문동

경주 반월성
경주시 인왕동 387-1

경주향교
경주시 교동 17-1

경주 나정
경주시 탑동 700-1

경주 서출지
경주시 남산1길 17 현각사

단석산 신선사 마애불상군
경주시 건천읍 송선리

골굴사 마애여래좌상
경주시 양북면 안동리

문무대왕릉
경주시 양북면 봉길리 26

이견대
경주시 감포읍 대본리 661

월정교
경주시 교동

체험여행 프로그램

신라달빛기행
신라문화원 / 054-777-1950

남산달빛기행
경주남산연구소 / 054-777-7142

남산유적답사
경주남산연구소 / 054-777-7142

도자기제작체험
경주민속공예촌 / 054-746-7270

경주향교스테이
경주향교부설사회교육원 / 054-775-3624

경주농촌체험관광
http://agritour.gyeongju.go.kr/

숲해설

황성공원 생태숲 해설
054-750-8554

해변

오류해수욕장
경주시 감포읍

나정해수욕장
경주시 감포읍

관성해수욕장
경주시 양남면 수렴리

봉길해수욕장
경주시 양북면 봉길리

감포전촌해수욕장
경주시 감포읍 전촌리

나아해변
경주시 양남면 나아리 845

나정고운모래해변
경주시 감포읍 동해안로 1915

감포해변
경주시 감포읍 전촌리

진리해변
경주시 양남면 하서리

추천코스

당일 코스

A : 대릉원(천마총) - 첨성대 - 분황사 - 불국사 - 괘릉 - 보문관광단지 - 경주박물관 - 동궁과 월지 - 월정교
B : 첨성대 - 교촌마을 - 경주박물관 - 동궁과 월지 - 불국사 - 감은사지 - 문무대왕릉 - 양남 주상절리

1박 2일 코스

1일차 : 대릉원 - 첨성대 - 교촌마을 - 분황사 - 불국사 - 석굴암 - 괘릉 - 동궁과 월지 - 월정교
2일차 : 보문관광단지 - 경주박물관 - 포석정 - 오릉 - 무열왕릉 - 김유신 장군묘

3일 코스

1일차 : 대릉원 - 첨성대 - 교촌마을 - 분황사 - 불국사 - 석굴암 - 동궁과 월지 - 월정교
2일차 : 보문관광단지 - 괘릉 - 감은사지 - 문무대왕릉 - 양남 주상절리(주상절리 전망대) - 감포항 - 나정고운모래해변
3일차 : 포석정 - 오릉 - 무열왕릉 - 김유신 장군묘 - 양동마을 - 옥산서원

* 각 여행코스는 위치적으로 유리한 형태로 구성되었으며 날씨와 숙박 위치, 아이의 컨디션에 따라 한두 군데 정도 빼는 것을 추천합니다.